PUBLICATIONS DU JOURNAL DES SCIENCES MÉDICALES DE LILLE.

HYGIÈNE DE LA BOUCHE

PAR

LE Dr J. REDIER,

Professeur à la Faculté libre de Médecine de Lille.

PARIS,
LIBRAIRIE J.-B. BAILLIERE ET FILS,
49, RUE HAUTEFEUILLE, 49
(près le boulevard Saint-Germain)
1879.

PUBLICATIONS DU JOURNAL DES SCIENCES MÉDICALES DE LILLE.

HYGIÈNE DE LA BOUCHE

PAR

LE Dr J. REDIER,

Professeur à la Faculté libre de Médecine de Lille.

PARIS,
LIBRAIRIE J.-B. BAILLIERE ET FILS,
19, RUE HAUTEFEUILLE, 19
(près le boulevard Saint-Germain)

1879.

HYGIÈNE DE LA BOUCHE,

Par le Dʳ J. REDIER [1].

L'hygiène en général peut être envisagée sous deux aspects :

1° En se bornant strictement à l'acception étymologique du mot (υγιεια, santé), elle a pour objet les moyens dont nous pouvons disposer pour conserver la santé, c'est-à-dire pour éviter les maladies. Ainsi compris, le mot hygiène est synonyme de prophylaxie.

2° En se plaçant à un point de vue plus général, le domaine de l'hygiène s'étend : ce sont alors ses résultats éloignés et définitifs qu'on envisage. Par ce côté, elle conduit à l'amélioration de l'homme, à l'accroissement de son bien-être physique et moral, et touche à la fois à la biologie, à l'anthropologie, à la législation et à l'histoire.

La première de ces deux acceptions convient seule à l'hygiène spéciale de la bouche, qui ne peut être que purement préventive.

---

(1) Ce travail a été rédigé, en grande partie, d'après des notes qui nous ont été communiquées par M. E. Magitot.

Son but est de veiller à l'intégrité des différents organes de cette région et de les diriger rationnellement dans l'exercice de leurs fonctions. On ne saurait nier, toutefois, qu'indépendamment de ce résultat immédiat, elle ne puisse contribuer, dans une certaine mesure, à la santé générale, par l'influence que la mastication exerce sur l'ensemble des phénomènes digestifs et sur la digestion stomacale en particulier.

Il est d'observation vulgaire que des dents saines et bien conservées indiquent une bonne santé; et qu'au contraire, des dents cariées ou couvertes d'un enduit gluant, tenace et plus ou moins solide, des gencives rouges, tuméfiées et saignantes, et une haleine plus ou moins fétide, sont l'apanage des dyspeptiques et des gens à constitution débile. Et cependant, lorsqu'on parcourt les auteurs, on ne trouve nulle part d'indications rationnelles; les traités d'hygiène sont silencieux ou se bornent à recommander les soins de propreté; les ouvrages spéciaux sont également muets ou n'abordent ce sujet que pour prôner des élixirs ou des poudres dentifrices dont la composition est soigneusement cachée; et si l'on juge de ces panacées mystérieuses par la plupart de celles dont on connaît les formules, on arrive fatalement à cette conclusion que le plus grand nombre de ces préparations, loin d'être utiles ou même anodines, sont dangereuses et doivent être rigoureusement proscrites.

La banalité des règles tracées par quelques auteurs et le silence des autres, sont le corollaire naturel de l'abandon dans lequel a été laissé tout ce qui touche à la pathologie du système dentaire. C'est qu'en effet, les règles d'hygiène se déduisent naturellement de l'étude des conditions dans lesquelles un grand nombre de personnes maintiennent et améliorent leur santé, de la manière dont les organes se comportent sous l'atteinte de certains modificateurs, et de la limite des ébranlements qu'ils peuvent subir sans dommage; or, il faut bien avouer que cette étude n'est encore qu'à peine ébauchée; toutefois, nous croyons les faits acquis suffisants pour conduire dès à présent à des conclusions certaines : c'est là ce que nous nous proposons d'établir dans cette étude.

Pour être méthodiques, nous devrions maintenant rechercher une classification des modificateurs auxquels peuvent être soumis les organes contenus dans la cavité buccale, et étudier successivement l'influence de chacun d'eux. Nous devrions ainsi passer en revue l'influence de la race, de l'hérédité, de l'âge, du régime alimentaire, des conditions climatologiques, des professions, de l'état morbide, etc. Mais nous ne pouvons rien opposer à l'influence d'un certain nombre de ces modificateurs; tels sont, en particulier, la race, l'hérédité, l'âge, qui agissent surtout sur la constitution anatomique des parties ; l'étude de ces questions ne nous conduirait donc ici à aucune considération pratique. Il en est de même des agents qui n'ont sur les organes qu'une action purement mécanique : il dépend plus ou moins de nous d'éviter leurs effets, et la part qui leur revient dans la production des maladies est en rapport avec nos habitudes : ainsi l'usage prolongé du biscuit chez les militaires détermine l'usure des dents, et même des fractures de ces organes et des excoriations de la muqueuse buccale; l'abus du tabac produit l'accumulation de petites particules de charbon qui augmentent les dépôts naturels de tartre et les colorent en noir, sans parler de l'usure parfois si profonde causée par le tuyau de la pipe, etc.; signaler ces pratiques, c'est en indiquer le remède, et ce n'est pas là que l'hygiène, telle que nous l'avons définie, peut intervenir.

Mais il existe toute une série d'autres influences contre lesquelles l'hygiène est toute puissante : ce sont celles qui agissent en modifiant les conditions du milieu buccal. La salive est un liquide complexe qui constitue aux dents et à la muqueuse une sorte d'atmosphère; normalement alcaline, elle est quelquefois acide chez certains individus. Mais sa réaction normale peut être modifiée par une foule de circonstances; on sait que telle ou telle réaction de la salive entraîne la prédominance de telles ou telles affections, et qu'inversement les états pathologiques des dents et de la muqueuse buccale entraînent à leur tour des modifications dans la réaction normale. Rechercher les causes et les effets de ces modifications, déterminer les conditions les plus favorables à l'état de santé et indiquer les moyens de les réaliser, tel est, en réalité, le but de l'hygiène de la bouche.

Nous étudierons donc successivement les différents états du milieu buccal; puis, sous le nom générique de dentifrices, nous ferons connaître les moyens hygiéniques qui correspondent à chaque état particulier.

A. — CONDITIONS GÉNÉRALES DE LA BOUCHE.

1° *Etat alcalin.* — *Tartre et concrétions salivaires.* — Normalement, la salive est alcaline; cette réaction qui constitue l'état le plus favorable, assure dans une certaine mesure la neutralisation des produits acides qui peuvent se développer accidentellement dans la bouche ou qui y sont introduits pour les usages alimentaires; mais il exige, en revanche, le fonctionnement régulier des organes; les manœuvres de la mastication, les mouvements de la langue et des lèvres étant indispensables pour empêcher l'accumulation du tartre dont le dépôt est la conséquence même de la composition de la salive alcaline.

C'est qu'en effet, les salives pures, toujours alcalines à leur sortie des canaux d'excrétion, subissent au contact de l'air et de la muqueuse buccale une sorte de décomposition qui détermine la précipitation des carbonates insolubles. C'est ce fait qui constitue, suivant nous, la formation des dépôts de tartre, dont nous allons expliquer d'abord le mode exact de production[1].

Le tartre est une masse concrète, pierreuse, ordinairement jaunâtre ou diversement colorée, susceptible d'acquérir parfois une très-grande dureté, et qui se dépose à la surface des dents. Les points où on l'observe spécialement sont, par ordre de fréquence, la face postérieure des dents antéro-inférieures, situées en regard de l'orifice des canaux excréteurs des glandes sous-maxillaires et sublinguales, la face externe des molaires supérieures au voisinage de l'orifice du canal de Sténon, puis les molaires inférieures. Il se dépose très-rarement à la face linguale des molaires des deux mâchoires, et ne se rencontre jamais à la face postérieure des dents antéro-supérieures qui n'est pas baignée par la salive. Ces dépôts de tartre qui, lorsqu'ils sont abondants, deviennent l'indice d'une réaction alcaline habituelle de la salive, peuvent se produire par masses parfois considérables, surtout lorsque, par une cause quelconque, les dents d'un côté de la bouche ne prennent plus part à la mastication devenue exclusive du côté opposé. Nous avons vu

---

[1] La théorie de formation du tartre que nous exposons ici est empruntée tout entière à M. E. Magitot (voyez *Traité de la carie dentaire*, Paris, 1867).

des dépôts de tartre si abondants qu'ils entouraient de toutes parts une série de dents enfouies ainsi au milieu de la masse. C'est à ce phénomène que l'on doit rapporter les récits de Pline et d'autres auteurs anciens sur les cas de dents réunies et constituant alors en apparence une seule dent demi-circulaire pour chaque mâchoire.

Le tartre se compose principalement de matières minérales, phosphates et carbonates terreux, dont la proportion relative est très-variable suivant les diverses analyses (Berzélius, Vauquelin, Bibra). Ainsi, tantôt on trouve 60 p. 100 de phosphates, tantôt la même quantité à peu près de carbonates. Nous nous expliquons très-facilement ces différences dans les résultats obtenus; ainsi, si le tartre analysé a été recueilli sur les grosses molaires supérieures qui se recouvrent particulièrement des dépôts de la salive parotidienne, il y aura prédominance de carbonates comme dans ce liquide lui-même. S'il a été extrait de la face postérieure des incisives inférieures, il sera riche en phosphates.

Ces variations de composition chimique se retrouvent d'ailleurs dans la constitution des calculs salivaires, et y sont soumises à la même explication.

Les sels, carbonates ou phosphates, sont, dans le tartre, mélangés et réunis à une certaine proportion de matière organique, à des cellules épithéliales, des globules graisseux, des leucocytes, des algues filiformes et des infusoires des genres *vibrio* et *monas*.

On a émis sur la formation du tartre diverses hypothèses : M. Serres a admis l'existence de glandes tartariques siégeant dans l'épaisseur des gencives et ayant la propriété de secréter le tartre des dents. L'observation anatomique n'a point démontré l'existence de ces glandes.

Cl. Bernard (¹) donne comme probable une explication qui ferait dépendre la formation du tartre d'une irritation du périoste alvéolo-dentaire à la suite du déchaussement des gencives ramollies par des fragments alimentaires pendant les actes de la mastication. Il compare cette sécrétion anormale à celle qui accompagne parfois la périostite des os. Cette explication ne saurait être admise, et outre qu'on ne peut attribuer au périoste dentaire aucune action secrétoire, il suffirait pour la faire rejeter de remarquer que l'existence de dépôts de tartre se constate sur certains corps étrangers introduits dans la bouche, comme des appareils de prothèse en l'absence complète des dents, et conséquemment du périoste dentaire.

Une troisième théorie est celle de M. Dumas, qui admet dans la bouche deux espèces de salives, l'une acide, l'autre alcaline qui sursature la première. La salive acide tiendrait en dissolution les phosphates, et dès que l'acide serait saturé par la seconde salive alcaline, ceux-ci se précipiteraient.

Cette théorie ne nous paraît pas tout à fait conforme à la vérité. Dans notre opinion, le tartre résulte d'un simple dépôt par précipitation des phosphates et carbonates terreux tenus en dissolution dans la salive à la faveur de la matière organique avec laquelle ils sont combinés. A leur arrivée dans la cavité buccale, les principes se dédoublant au contact de l'air et de la muqueuse, les sels insolubles dans l'eau se précipitent et se déposent à la surface des dents.

La quantité de tartre qui se fait dans la bouche varie énormé-

---

(1) *Leçons de physiologie*, p. 134.

ment suivant les sujets, et ces différences s'expliquent aisément dans notre théorie. En effet, d'une part, les salives simples peuvent contenir, chez certains individus, une proportion moindre de sels terreux en dissolution, et le dépôt tartreux sera relativement faible ; d'autre part, le dépôt peut rencontrer, à mesure de sa précipitation à la surface des dents, une réaction accidentelle acide qui le neutralise et le fait rentrer en dissolution dans la salive ; et si enfin le dépôt, déjà peu abondant, se trouve en présence d'un milieu acide fort énergique, il subsiste encore au contact des dents, et malgré la neutralisation du tartre formé, une réaction acide qui entraîne des effets désastreux sur ces organes.

On pourrait objecter à cette théorie de la formation du tartre la grande disproportion souvent observée de phosphates terreux peu abondants dans la salive, tandis que le tartre en contient environ 60 p. 100

Cette objection n'est pas fondée si l'on réfléchit que la quantité de salive secrétée en moyenne en quarante-huit heures, chez l'homme, est de 400 grammes environ ; de sorte que, si peu que contiennent de phosphates les liquides salivaires, la formation du tartre s'explique encore, car on sait que ce dépôt se produit ordinairement avec une extrême lenteur, et qu'il faut souvent plusieurs années pour en former une couche d'une certaine épaisseur.

L'existence ou l'absence de tartre dans la bouche présente donc une signification très-nette : Très-abondant, il indique une réaction alcaline franche de la salive ainsi que du milieu où se trouvent les dents, et exclut la carie de celles-ci ; absolument nul, il implique nécessairement un milieu dentaire acide, avec toutes ses conséquences sur l'état de ses organes ; puis, entre ces deux états extrêmes, se groupent des degrés avec prédominance plus faible, alcaline ou acide, et les résultats variés qui en résultent.

Les conséquences pratiques qui découlent de ces faits sont maintenant faciles à établir : La salive alcaline constitue une garantie contre la carie dentaire ; mais elle aboutit fatalement à la formation des dépôts de tartre. Ceux-ci, lorsqu'ils sont peu abondants, durs et compacts, n'ont aucun inconvénient ; mais, sous l'influence de circonstances favorables, l'accumulation des sels terreux peut devenir considérable, et il peut en résulter un véritable danger pour les dents et pour la muqueuse. Celle-ci, irritée par la présence de cette masse qui joue, vis-à-vis d'elle, le rôle d'un corps étranger, devient le siége d'une inflammation chronique ; les gencives fongueuses et saignantes sont repoussées, et les dents, mal soutenues dans leurs alvéoles, paraissent d'abord s'allonger démesurément, puis s'ébranlent peu à peu et finissent par tomber. Lorsque les dépôts de tartre sont riches en matériaux organiques, ils donnent à l'haleine une odeur fétide encore augmentée par la sécrétion sanieuse des gencives.

Les indications hygiéniques qui correspondent à cet état sont les suivantes : Enlever soigneusement les dépôts de tartre à mesure qu'ils atteignent des proportions anormales ; éloigner les causes qui peuvent favoriser ces dépôts en certains points de la bouche (traitement des affections locales de la muqueuse ou des dents, application d'appareils prothétiques, etc., et faire un usage journalier de dentifrices appropriés, neutres ou acidulés, seuls ou associés aux préparations chloratées ou antiputrides, suivant les conditions particulières.

2° *État acide.* — Nous avons dit que, normalement, la réaction de la salive est alcaline; toutefois, il est d'observation que, chez certains sujets exempts de tout état anormal de la bouche ou de la santé générale, la salive qui baigne la surface des dents et des gencives présente constamment une réaction acide. Ce fait constaté déjà par M. Boudet ([1]) coïncide presque toujours avec une plus grande viscosité de la salive et avec l'existence de couches épaisses de viscosités sur les dents; il entraîne comme conséquence la production de caries nombreuses et semble être, dans certaines familles, une disposition habituelle, susceptible de se transmettre par hérédité au même titre que d'autres prédispositions quelconques.

Mais cet état, permanent chez quelques-uns, peut se produire accidentellement chez d'autres, sous l'influence de certaines circonstances. Les causes qui peuvent modifier dans ce sens la réaction de la salive sont : les fermentations salivaires, l'usage fréquent et répété de substances alimentaires ou de boissons acides, l'emploi comme agents thérapeutiques de produits acides, les affections locales de la bouche et du pharynx, les affections générales aiguës et certaines affections générales chroniques ; la présence de nombreuses dents cariées, certaines dispositions anormales de ces organes agissent encore dans le même sens en favorisant le séjour des détritus alimentaires et, par suite, les fermentations.

Qu'il constitue une disposition habituelle ou accidentelle, l'état acide de la bouche se reconnaît aux mêmes signes, entraîne les mêmes conséquences et donne lieu aux mêmes indications. Ses signes objectifs sont l'absence complète de tartre, l'accumulation de mucosités blanchâtres, visqueuses et épaisses le long du bord

---

(1) *Journal de Phys. et de Chimie*, mai 1842

libre des gencives et à la surface des dents, et la production de caries multiples à forme rapide et siégeant de préférence au collet. A ces caractères s'ajoutent parfois des sensations subjectives, goût aigre de la salive, régurgitations et éructations acides, phénomènes dyspeptiques, gastralgie, etc. Ce sont évidemment les préparations alcalines qui conviennent ici, et nous verrons qu'on peut les employer sous les formes les plus variées ; mais il est nécessaire en même temps d'éloigner toutes les causes qui peuvent contribuer à entretenir ou à développer cet état (abus des sucreries chez les enfants, dents cariées, etc).

3° *État neutre.* — L'état neutre indique un équilibre exact entre les produits salivaires constamment alcalins et les produits acides qui prennent naissance ou sont amenés dans la bouche. Il représenterait l'état parfait, si les conditions mêmes de sa production ne le rendaient pas difficilement réalisable, et n'exposait le milieu buccal à des oscillations permanentes. Or, si un faible excès d'alcalin ne peut avoir d'inconvénient, la prédominance même passagère et peu marquée de la réaction acide a toujours des conséquences plus ou moins fâcheuses : aussi l'hygiène doit-elle avoir pour but, ici, d'en empêcher la production par l'usage des dentrifices légèrement alcalins, qui assureront une sorte de provision destinée à neutraliser les produits acides qui pourraient se développer accidentellement dans la bouche.

Des considérations générales qui précèdent, nous pouvons maintenant déduire les prescriptions d'une hygiène rationnelle.

Ces règles sont les suivantes :

Eviter les manœuvres ou les agents qui peuvent agir mécaniquement sur les parties.

Restreindre, autant que possible, l'usage des aliments et des boissons acides ou qui, par leur décomposition, donnent lieu à des produits acides (sucre, vinaigre, limonade, etc.)

Empêcher les fermentations des matières alimentaires ou des produits de secrétion (lavages, cure dents).

S'opposer à l'accumulation du tartre par l'usage modéré de brosses douces.

Traiter soigneusement les affections à mesure qu'elles se développent.

Enfin, provoquer ou maintenir, par des dentrifices appropriés, le milieu buccal dans l'état neutre avec légère prédominance de la réaction alcaline.

B. — DENTIFRICES.

Les dentifrices sont les cosmétiques de la bouche. Leur but est d'entretenir les dents et la muqueuse buccale dans l'état de santé et d'aider, s'il y a lieu, à leur guérison ; ils concourent aussi à la beauté et au maintien des qualités physiques de ces parties en conservant aux dents leur couleur naturelle, aux gencives leur aspect normal, et en masquant plus ou moins la fétidité de l'haleine chez certains sujets.

Ainsi compris, les dentifrices sont des préparations utiles, dont la composition, le choix et l'usage ne peuvent être livrés au hasard ou aux préférences de chacun; ils doivent répondre à certaines indications dont le premier venu ne peut être juge, et à ce titre, leur choix doit être subordonné aux conseils de l'hygiéniste.

On comprendra dès lors quel cas nous faisons de la plupart des produits qu'on vend partout sous le nom de dentifrices. Réveil, dans un Mémoire lu à l'Académie (1), a montré par le résultat de nombreuses analyses chimiques le danger des cosmétiques en général; ses observations s'appliquent aussi aux dentifrices dont la vente, par une étrange lacune de notre législation, est laissée libre et en dehors de tout contrôle. Nous ne saurions trop nous élever contre cette déplorable interprétation de la loi qui refuse de reconnaître comme remèdes secrets les préparations hygiéniques et cosmétiques, et nous nous associons aux appels faits déjà maintes fois à la sollicitude de l'autorité sanitaire pour réclamer contre cet abus.

Au point de vue de leur forme, les dentifrices sont pulvérulents, liquides, ou à consistance plus ou moins molle.

Les dentifrices pulvérulents, ou poudres dentifrices, joignent à leur action thérapeutique ou chimique une action mécanique. On les emploie avec la brosse légèrement humectée, principalement pour débarrasser les dents des dépôts muqueux ou tartreux qui s'y accumulent. Mais cette action mécanique, lorsqu'elle est trop énergique ou trop fréquemment répétée, peut constituer un danger pour les dents par l'usure de leur émail, et pour la muqueuse par

---

(1) Voyez aussi S. Piesse et O. Réveil: *Des odeurs, des parfums, des cosmétiques, etc.* Paris, 1865, p. 456 et suiv.

l'irritation que les frottements y déterminent, et aussi par l'accumulation de particules pulvérulentes sous le bord libre des gencives où elles jouent à la longue le rôle de corps étrangers : nous avons plusieurs fois observé des liserés grisâtres produits par l'usage prolongé de la poudre de charbon ; il est probable que les autres poudres produisent les mêmes résultats, mais que ceux-ci passent inaperçus lorsqu'ils ne donnent pas lieu à une coloration particulière.

Les dentifrices liquides agissent à la façon des lotions et des gargarismes ; leur action s'étend uniformément à tous les points de la cavité buccale, à l'inverse des précédents dont l'effet reste limité aux points avec lesquels ils sont mis en contact. Par leur forme, ils se mêlent facilement, en toutes proportions, à l'eau ou à d'autres liquides inertes, ce qui permet d'en graduer les doses suivant les effets qu'on veut obtenir ; enfin ils se prêtent mieux à une grande variété de composition, ce qui peut, dans certaines circonstances, être une précieuse ressource.

Les dentifrices mous sont des opiats ou des savons. C'est presque toujours le miel qui est l'excipient des premiers, comme il est facile de le reconnaître à leur saveur sucrée ; ils doivent être complétement rejetés, le sucre étant un agent destructif des plus actifs pour les tissus dentaires. Quant aux savons, ils sont nécessairement alcalins et ne peuvent convenir que dans les cas où cette réaction est recherchée ; ils ont, en outre, un goût désagréable et qu'on ne parvient jamais à masquer complétement ; nous donnerons néanmoins la composition de quelques-unes de ces préparations, dont l'emploi peut être utile dans certains cas.

Quelle que soit leur forme, on donne généralement aux dentifrices une coloration rosée qui s'harmonise plus ou moins avec celle de la muqueuse, et on les parfume avec diverses essences pour masquer la saveur et l'odeur des substances actives qui les composent, en même temps que pour donner à l'haleine une saveur fraîche et agréable.

Envisagés au point de vue de leur composition et de leurs indications, les dentifrices peuvent être divisés en :

>neutres ou inertes,
>alcalins,
>acides,
>astringents
>et antiputrides.

Voici la composition et les formules d'un certain nombre de ces préparations :

1° *Dentifrices neutres ou inertes.*

INDICATIONS : Salive légèrement alcaline, absence de dents cariées et de dépôts de tartre, intégrité de la muqueuse.

(*a*) *Solides.* — Charbon, carbonate de chaux, poudres végétales.

1° (formule du Codex).
- Charbon en poudre . . . . 20 gr.
- Quinquina gris en poudre 10
- Essence de menthe . . . . 1 décigr.

Mêlez sur le porphyre.

2°
- Craie lavée . . . . } aa 10 gr.
- Poudre d'iris de Florence . . . }

Colorez légèrement en rose.

(b) **Liquides.** — Eau aromatisée avec une essence aromatique quelconque.

3° (Lefoulon).
$\begin{cases} \text{Teinture de vanille} \dots \dots \dots 15 \\ \text{\guillemotright \quad de pyrèthre} \dots \dots \dots 125 \\ \text{Alcoolat de menthe} \dots \dots \dots 30 \\ \text{\guillemotright \quad de romarin} \dots \dots \dots 30 \\ \text{\guillemotright \quad de roses} \dots \dots \dots 60 \end{cases}$

Quelques gouttes dans un verre d'eau.

2° *Dentifrices alcalins.*

INDICATIONS : Salive acide ou neutre ; caries nombreuses et à marche rapide ; absence complète de tartre ; mucosités blanchâtres le long du bord libre des gencives et sur les dents ; muqueuse saine ou plus ou moins enflammée.

(a) **Solides.** — Magnésie, carbonate de soude ou de chaux.

4°
$\begin{cases} \text{Carbonate de chaux} \dots \dots \dots 20 \\ \text{Magnésie} \dots \dots \dots 40 \\ \text{Poudre d'iris de Florence} \dots \dots 20 \end{cases}$

5°
$\begin{cases} \text{Talc de Venise} \dots \dots \dots 40 \text{ gr.} \\ \text{Bicarbonate de soude pulvérisé} \dots 10 \\ \text{Carmin} \dots \dots \dots 0,1 \\ \text{Essence de menthe} \dots \dots \dots 0,2 \end{cases}$

6°
$\begin{cases} \text{Poudre d'iris de Florence} \dots \dots 30 \\ \text{Craie lavée} \dots \dots \dots 10 \\ \text{Magnésie} \dots \dots \dots 10 \\ \text{Os de sèche ou pierre ponce porphyrisée} \quad 10 \\ \text{Teinture d'ambre musqué, et rose} \dots \text{Q. s.} \end{cases}$

(*b*) **Liquides.** — Eau de chaux ou eau de Vichy artificielle aromatisée avec l'essence de menthe, ou toute autre essence, ou avec la mixture 3.

(*c*) **Savons.** — Ils conviennent particulièrement aux cas où il importe de lutter énergiquement contre la réaction acide très-prononcée du milieu salivaire. Nous devons les trois formules suivantes à l'obligeance d'un pharmacien distingué de Paris, M. Faguer; le seul reproche qu'on puisse leur faire, comme à tous les savons, est leur saveur désagréable qu'il est impossible de masquer complétement.

7° Savon pulvérulent.
- Savon de magnésie . . . . 10 gr.
- Carbonate de chaux précipité 9
- Essence de roses, gouttes N° X
- » de menthe anglaise, gouttes N° X
- » de lavande 1
- Carmin 0,10

8° Savon pulvérulent.
- Savon de magnésie . . . . 10 gr.
- Carbonate de chaux précipité 8
- Savon médicinal pulvérisé 1
- Essence de roses, gouttes N° X
- » de menthe anglaise, gouttes N° X
- » de lavande 1
- Carmin 0,10

9° Savon mou.
- Beurre de cacao . . . . 12 gr.
- Carbonate de chaux 20
- » de magnésie 25
- Savon de potasse 20
- Essences 0,75

3° *Dentifrices acides.*

INDICATION : Milieu salivaire fortement alcalin; dépôts abondants de tartre, absence de dents cariées; muqueuse normale ou plus ou moins enflammée. L'usage de ces dentifrices exige une certaine surveillance, et leur emploi ne doit pas être trop fréquent.

(*a*) **Solides.** — Bitartrate de potasse.

10°
- Talc de Venise. . . . . 120 gr.
- Crême de tartre 30
- Carmin. 0,30
- Essence de menthe . . . . 15 gouttes.

Mêlez.

(*b*) **Liquides.** — Vinaigres de toilette, acides acétiques, tartriques, etc.

11°
- Eau distillée de lavande . . . . }
- Vinaigre distillé . . . . } aa 60
- Racine de pyrèthre. 10

4° *Dentifrices astringents.*

INDICATIONS : État morbide des gencives ou de la muqueuse buccale; gingivites chroniques; granulations buccales et pharyngiennes. — La forme liquide est celle qui convient le mieux à ces préparations, la muqueuse irritée supportant difficilement le contact des poudres ; néanmoins la formule suivante, due à Lefoulon, contient les éléments d'une bonne poudre astringente.

12° Poudre dentifrice astringente.
- Cochléaria,
- Raifort,
- Gaiac,
- Quinquina,
- Menthe,
- Pyrèthre,
- Calamus aromaticus,
- Ratanhia,

aa parties égales.

Réduisez en poudre impalpable.

13° Alcoolé dentifrice astringent (Jeannel).
- Alcoolé de cachou . . . . . 80 gr.
- » de benjoin. 20
- Essence de menthe 1

Quelques gouttes dans un verre d'eau.

Mais aucune de ces préparations ne vaut la solution de chlorate de potasse ; on l'emploie à la dose ordinaire des gargarismes, soit 4 grammes pour 100, et on aromatise avec des essences au moment de l'emploi ; le chlorate de potasse, outre son action spéciale sur la muqueuse buccale, a encore l'avantage d'être légèrement alcalin, circonstance qui doit le faire rechercher d'autant plus que les inflammations chroniques de la muqueuse buccale déterminent souvent l'acidité de la réaction salivaire. Le chlorate de potasse ne pourrait être remplacé par l'alun qui, ainsi que M. Magitot l'a montré dans ses expériences sur les caries artificielles, agit directement sur le tissu de l'émail.

5° *Dentifrices antiputrides.*

INDICATIONS : État fétide de la bouche avec ou sans lésion appréciable.

Ces préparations peuvent s'employer isolément ou être associées aux autres dentifrices, suivant les conditions particulières; elles contiennent de la poudre de charbon, du permanganate de potasse, des acides phénique, salycilique, thymique, etc.

14° { Permanganate de potasse 10
      { Eau 1000

15° { Acide phénique   1
     { Essence de menthe   5
     { Eau 1000

Les poudres au charbon agissent aussi comme antiputrides, mais leur action est beaucoup moins énergique, et leur effet plus passager.

LILLE. — IMPRIMERIE L. DANEL.

www.ingramcontent.com/pod-product-compliance
Lightning Source LLC
Chambersburg PA
CBHW070455080426
42451CB00025B/2748